São Roque

Elam de Almeida Pimentel

São Roque
Invocado para proteção contra doenças contagiosas

Novena e ladainha

Petrópolis

© 2017, Editora Vozes Ltda.
Rua Frei Luís, 100
25689-900 Petrópolis, RJ
www.vozes.com.br
Brasil

Todos os direitos reservados. Nenhuma parte desta obra poderá ser reproduzida ou transmitida por qualquer forma e/ou quaisquer meios (eletrônico ou mecânico, incluindo fotocópia e gravação) ou arquivada em qualquer sistema ou banco de dados sem permissão escrita da editora.

CONSELHO EDITORIAL

Diretor
Gilberto Gonçalves Garcia

Editores
Aline dos Santos Carneiro
Edrian Josué Pasini
Marilac Loraine Oleniki
Welder Lancieri Marchini

Conselheiros
Francisco Morás
Leonardo A.R.T. dos Santos
Ludovico Garmus
Teobaldo Heidemann
Volney J. Berkenbrock

Secretário executivo
João Batista Kreuch

Editoração: Fernando Sergio Olivetti da Rocha
Diagramação: Sheilandre Desenv. Gráfico
Revisão gráfica: Nilton Braz da Rocha
Capa: Omar Santos

ISBN 978-85-326-5465-6 (Brasil)

Editado conforme o novo acordo ortográfico.

Este livro foi composto e impresso pela Editora Vozes Ltda

Sumário

1 Apresentação, 7
2 Tradição sobre a vida de São Roque, 9
3 Novena de São Roque, 13
    1º dia, 13
    2º dia, 14
    3º dia, 15
    4º dia, 16
    5º dia, 18
    6º dia, 19
    7º dia, 20
    8º dia, 22
    9º dia, 23
4 Orações a São Roque, 25
5 Ladainha de São Roque, 29

Apresentação

São Roque foi um nobre francês que doou sua herança aos pobres e dedicou sua vida a curar as vítimas da peste com o sinal da cruz. É protetor contra a peste e padroeiro dos profissionais da área da saúde.

Este livrinho contém breve histórico sobre a vida de São Roque, sua novena, orações e ladainha, e também algumas passagens bíblicas, seguidas de uma reflexão, uma oração a São Roque, acompanhada de um Pai-nosso, uma Ave-Maria e um Glória-ao-Pai.

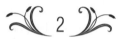

Tradição sobre a vida de São Roque

Nasceu em Montpellier, na França. O nascimento de Roque foi motivo de alegria para os pais, considerando o nascimento como uma graça de Deus, pois a mãe já tinha idade avançada e as chances de dar à luz eram mínimas. Por isso ela rezava com o marido todos os dias, pedindo a Deus um filho. Diz a tradição que Roque teria nascido com um sinal vermelho em forma de cruz no peito. Desde pequeno foi devoto de Nossa Senhora, gostava de praticar caridade, ajudando pobres e doentes. Aos 20 anos ficou órfão e doou a fortuna herdada dos pais e se tornou um peregrino, dirigindo-se para Roma, a fim de venerar os túmulos dos apóstolos Pedro e Paulo.

Roque, ao se aproximar da Itália, encontrou regiões infestadas pela peste, uma epidemia transmitida pela pulga dos ratos, que se alastrava pela Europa. As pessoas atingidas pela peste eram colocadas fora dos povoados, sofrendo, gemendo. Roque decidiu então prestar assistência aos enfermos, trabalhando em tempo integral, em hospitais, nas ruas e mesmo como coveiro, sem se preocupar com a própria saúde. Ao abençoar os doentes com o sinal da cruz, dizem que operou curas milagrosas.

Após dois anos cuidando dos doentes, Roque seguiu sua viagem para Roma para visitar os túmulos de São Pedro e São Paulo e, lá, o papa já estava sabendo dos seus feitos, recebeu-o e reconheceu em Roque dons de santidade, segundo a tradição. Em Roma, permaneceu três anos a serviço dos doentes, pois lá também a peste se disseminou.

Cumprida a missão na Itália, Roque voltou para sua terra, Montpellier, e, no caminho, contraiu a doença que tanto ajudou a combater. Tinha 32 anos e, quando a doença já estava em estado avançado, sofrendo muito, Roque encontrou forças para se isolar numa cabana na floresta. Até o momento de sua morte, o único companheiro teria sido um cão que lhe levava pão e lambia seus ferimentos, ajudando a aliviar a dor. Por esse motivo é considerado o protetor dos cães e dos animais domésticos.

Numa outra versão da história, o cachorro amigo de Roque pertencia a um homem chamado Gothard. Ao seguir o cão e encontrar o doente, o homem teria se comovido com Roque e tornou-se companheiro, cuidando dele. Certo dia, um anjo apareceu e curou Roque, que pôde regressar à sua terra natal, mas, lá chegando, foi confundido com um espião estrangeiro e foi encarcerado e, após cinco anos na prisão, sem ser identificado, faleceu aos 33 anos de idade.

No dia em que faleceu, uma luz intensa teria saído da prisão e iluminado seu corpo e a cela. Impressionados, os carcereiros decidiram investigar a identidade do prisioneiro. Ele foi reconhecido por um parente graças à cruz vermelha no peito. A partir desse dia os fiéis passaram a visitar seu túmulo, pedindo graças. Com o passar dos anos, São Roque foi associado à cura de todos os males físicos, sendo cultuado como protetor contra as doenças contagiosas.

Nas representações iconográficas, encontra-se de pé, ou sentado, com a túnica levantada à altura do joelho, mostrando uma ferida. Usa sobre os ombros uma capa e, em algumas imagens, segura a palma do martírio. Em outras, empunha o cajado de peregrino, vendo-se aos seus pés um chapéu. Está quase sempre acompanhado de um cão. É festejado em 17 de agosto.

Novena de São Roque

1º dia

Iniciemos com fé este primeiro dia de nossa novena, invocando a presença da Santíssima Trindade: em nome do Pai e do Filho e do Espírito Santo. Amém.

Leitura bíblica: Rm 12,12

> Sede alegres na esperança, pacientes no sofrimento e perseverantes na oração.

Reflexão

Com fé, esperança e oração em nossa vida, não estamos sozinhos; estamos nos relacionando com Deus.

Oração

Glorioso São Roque, ajudai-me a orar cada vez mais, louvando a Deus e rezando pelos mais necessitados. A vós suplico, que me ajudeis a alcançar... (fala-se a graça desejada).

Pai-nosso.

Ave-Maria.

Glória-ao-Pai.

São Roque, intercedei por nós.

2º dia

Iniciemos com fé este segundo dia de nossa novena, invocando a presença da Santíssima Trindade: em nome do Pai e do Filho e do Espírito Santo. Amém.

Leitura bíblica: Is 26,3-4

> O pensamento está firme: tu conservas a paz, a paz, porque tem confiança em ti. Confias no Senhor para sempre, porque o Senhor é uma rocha eterna.

Reflexão

Precisamos sempre preservar nossa fé em Deus, mesmo nos momentos de provações. São Roque teve seus momentos de adversidades e continuou firme na fé em

Deus, confiando nele com paciência e muita oração.

Oração

São Roque, infundi em nós paz e confiança em Deus. Ouvi meu apelo e apresentai a Deus todo-poderoso meu pedido... (fala-se a graça desejada).

Pai-nosso.

Ave-Maria.

Glória-ao-Pai.

São Roque, intercedei por nós.

3º dia

Iniciemos com fé este terceiro dia de nossa novena, invocando a presença da Santíssima Trindade: em nome do Pai e do Filho e do Espírito Santo. Amém.

Leitura do Evangelho: Mt 4,23-24

Jesus percorria toda a Galileia, ensinando nas sinagogas, pregando o Evangelho do Reino e curando toda doença e enfermidade do povo. Sua fama chegou à Síria inteira. Traziam-lhe, por isso, todos os que sofriam de algum mal, os atacados de diversas doenças e sofrimentos: endemoniados, epilépticos e paralíticos; e Ele os curava.

Reflexão

Nesta passagem, o Evangelista Mateus nos leva a pensar na misericórdia de Jesus, curando todas as doenças e convidando-nos a não desanimar, quando estamos fracos e doentes.

Oração

Poderoso São Roque, intercedei por mim ou por... (dizer o nome da pessoa doente) a Deus, pedindo que me alivieis, se possível, desta enfermidade e me dai forças para aceitar, com resignação e paciência, o que estiver por acontecer.

Pai-nosso.

Ave-Maria.

Glória-ao-Pai.

São Roque, intercedei por nós.

4º dia

Iniciemos com fé este quarto dia de nossa novena, invocando a presença da Santíssima Trindade: em nome do Pai e do Filho e do Espírito Santo. Amém.

Leitura do Evangelho: Mt 8,1-3

Quando Jesus desceu do monte, seguiram com Ele multidões de povo. De repente, aproximou-se um leproso, prostrou-se diante dele e disse: "Senhor, se quiseres, podes limpar-me". Jesus, estendendo a mão, tocou-o e disse: "Eu quero, fica limpo". No mesmo instante, ficou limpo da lepra.

Reflexão

Semelhantemente ao leproso que confiou em Jesus, acreditando que nada é impossível para Deus, vamos entregar nossa vida a Ele, pedindo a São Roque que interceda por nós.

Oração

São Roque, cheios de confiança, vos pedimos: ajudai-nos a servir e a crescer na fé. Coloco em vossas mãos a minha doença... (mencionar a doença) ou a doença de...

(citar o nome da pessoa doente), acreditando na vossa intercessão.

Pai-nosso.

Ave-Maria.

Glória-ao-Pai.

São Roque, intercedei por nós.

5º dia

Iniciemos com fé este quinto dia de nossa novena, invocando a presença da Santíssima Trindade: em nome do Pai e do Filho e do Espírito Santo. Amém.

Leitura bíblica: Jó 2,7-10

Saindo então satanás da presença do Senhor, feriu Jó com uma úlcera maligna, desde a planta dos pés até o alto da cabeça. E Jó pegou um caco para raspar-se, enquanto se sentava sobre um monte de cinzas. Sua mulher lhe dizia: "Ainda perseveras na tua integridade? Amaldiçoa a Deus e morre!" Ele disse: "Falas como falaria uma tola. Se aceitamos de Deus os bens, não deveríamos aceitar também os males?" Apesar de tudo isso, Jó não pecou com seus lábios.

Reflexão

Jó aceitou o sofrimento imposto pela doença com serenidade e confiança em Deus. São Roque também enfrentou sua enfermidade com aceitação e fé. Seguindo o exemplo dele, vamos rezar com fé e esperança pedindo a cura de que tanto necessitamos.

Oração

Senhor, nós vos pedimos que, pela intercessão de São Roque, sempre nos ajudeis a ter fé, esperança, resignação. Concedei-nos a graça de que necessitamos e a Vós suplicamos... (falar a graça desejada).

Pai-nosso.

Ave-Maria.

Glória-ao-Pai.

São Roque, intercedei por nós.

6º dia

Iniciemos com fé este sexto dia de nossa novena, invocando a presença da Santíssima Trindade: em nome do Pai e do Filho e do Espírito Santo. Amém.

Leitura bíblica: Sl 46,2

> Deus é para nós refúgio e força, um auxílio sempre disponível na angústia.

Reflexão

Todos nós passamos por momentos difíceis e, nestes momentos, a fé e a esperança no poder divino é que ajudam. Deus é nosso guia e nosso consolo.

Oração

Iluminai meu caminho, Senhor, guiando meus passos. Venho hoje pedir, por intercessão de São Roque, a graça de que tanto necessito... (fala-se a graça a ser alcançada).

Pai-nosso.

Ave-Maria.

Glória-ao-Pai.

São Roque, intercedei por nós.

7º dia

Iniciemos com fé este sétimo dia de nossa novena, invocando a presença da Santíssima Trindade: em nome do Pai e do Filho e do Espírito Santo. Amém.

Leitura do Evangelho: Mt 14,12-14

Os discípulos de João vieram pegar o corpo e o sepultaram; depois, foram dar a notícia a Jesus. Ao saber disso, Jesus retirou-se dali, num barco, para um lugar deserto e afastado. Mas o povo soube e o seguiu das cidades a pé. Ao desembarcar, viu uma grande multidão de povo e, sentindo compaixão, curou os seus enfermos.

Reflexão

Mateus menciona nesta passagem a morte de João Batista quando Jesus se afasta triste pela perda de João, sofrendo e, mesmo assim, sente compaixão pelos doentes e os cura. São Roque também seguiu o exemplo de Jesus e procurava ajudar os enfermos.

Oração

Senhor, ajudai-me, pois muito necessito de Vós. Por intercessão de São Roque, atendei meu pedido... (falar a graça que se quer alcançar).

Pai-nosso.

Ave-Maria.

Glória-ao-Pai.

São Roque, intercedei por nós.

8º dia

Iniciemos com fé este oitavo dia de nossa novena, invocando a presença da Santíssima Trindade: em nome do Pai e do Filho e do Espírito Santo. Amém.

Leitura do Evangelho: Mc 9,23

> [...] Tudo é possível para quem tem fé.

Reflexão

Marcos mostra nesta passagem do Evangelho o poder da fé em Deus. Nos momentos difíceis de nossas vidas, Deus revela sua força e seu amor. Não devemos desanimar diante da doença ou de algum problema. Vamos pedir a São Roque que ilumine nossas vidas, segundo seu exemplo de fé diante da doença.

Oração

São Roque, iluminai os médicos, os pesquisadores e profissionais de saúde em geral. Também pedimos vossa intercessão na cura de... (falar a graça a ser alcançada).

Pai-nosso.

Ave-Maria.

Glória-ao-Pai.

São Roque, intercedei por nós.

9º dia

Iniciemos com fé este nono dia de nossa novena, invocando a presença da Santíssima Trindade: em nome do Pai e do Filho e do Espírito Santo. Amém.

Leitura bíblica: Fl 4,6-7

Não vos inquieteis por coisa alguma. Em todas as circunstâncias apresentai a Deus as vossas necessidades em oração e súplica, acompanhadas de ações de graças. E a paz de Deus, que excede toda inteligência, haverá de guardar vossos corações e pensamentos em Cristo Jesus.

Reflexão

A oração deve estar sempre presente em nossa vida: seja para pedir ou para louvar a Deus.

Oração

Glorioso São Roque, obtende-nos a fé necessária para jamais nos esquecermos de

louvar a Deus. Peço vossa intercessão para...
(falar a graça que se deseja alcançar).

Pai-nosso.

Ave-Maria.

Glória-ao-Pai.

São Roque, intercedei por nós.

ORAÇÕES A SÃO ROQUE

Oração 1

Glorioso São Roque, alcançai-nos de Cristo Nosso Senhor as graças que nos são necessárias para vivermos dignamente a vida cristã. Aumentai em nós a fé, a esperança e a caridade. Seguindo o vosso exemplo, queremos amar a Deus sobre todas as coisas e amar ao próximo como Cristo nos mandou. Queremos ajudar os pobres, os doentes, os necessitados de toda espécie, como vós mesmo o fizestes.

E que, um dia, na glória do céu, nós possamos convosco gozar da vida eterna. Amém.

Oração 2: Para ter boa saúde

São Roque, vós que, não tomando em conta o perigo do contágio da peste, vos dedicastes, de corpo e alma, ao cuidado dos doentes, e Deus, para provar vossa fé e confiança, permitiu que contraísseis a doença, mas que este mesmo Deus, no abandono de vossa cabana, no bosque, por meio de um cão, alimentou-vos de um modo milagroso e também milagrosamente vos curou, protegei-me contra as doenças infecciosas, livrai-me do contágio dos bacilos, defendei-me da poluição do ar, da água e dos alimentos. Enquanto eu tiver saúde, prometo-vos rezar pelos doentes dos hospitais e fazer o possível para aliviar as dores e sofrimentos dos enfermos, para imitar a grande caridade que vós tivestes para com os vossos semelhantes. São Roque, abençoai os médicos, fortalecei os enfermeiros e atendentes de hospitais, curai os doentes, defendei os que têm saúde contra o contágio e a poluição. (Repita três vezes: "São Roque, rogai por nós". Depois reze um Pai-nosso.)

Oração 3: Para afastar qualquer mal

Caridoso São Roque, cujo ardoroso coração se compadecia de todos os bichos e que era socorrido por um cachorro, que lhe lambia as chagas, há de ser o meu protetor nas enfermidades. Ó glorioso santo, vós que fostes humildes em vossos sofrimentos, ouvi a minha prece, que vos dirijo cheio de fé em vosso merecimento, perante Jesus. Livrai-nos do contágio das doenças, afastai-nos dos males da alma, a fim de que possamos ser dignos de um dia entrar no Reino dos Céus. Amém. (Reze, em seguida, um Pai-nosso e um Glória-ao-Pai.)

Oração 4: Para ficar livre da peste

Senhor Nosso Deus, Vós prometestes ao bem-aventurado São Roque, pelo ministério de um anjo, que todo aquele que o tivesse invocado não seria atacado do contágio da peste. Fazei, Senhor, que, assim como nós comemoramos os seus prodígios, fiquemos também livres pelos seus merecimentos e negativas de toda a peste do corpo e da alma. Por Jesus Cristo Nosso Senhor. Amém. (Em seguida, reze um Pai-nosso e uma Ave-Maria.)

Ladainha de São Roque

Senhor, tende piedade de nós,
Jesus Cristo, tende piedade de nós.
Senhor, tende piedade de nós.

Jesus Cristo, escutai-nos.
Jesus Cristo, atendei-nos.

Pai celeste, que sois Deus, tende piedade de nós.
Deus Filho, redentor do mundo, tende piedade de nós.
Deus Espírito Santo, tende piedade de nós.
Santíssima Trindade, que sois um só Deus, tende piedade de nós.

Santa Maria, rainha dos mártires, rogai por nós.

São Roque, protetor contra as doenças contagiosas, rogai por nós.

São Roque, protetor contra a peste, rogai por nós.

São Roque, defensor da fé cristã, rogai por nós.

São Roque, santo da fé e da esperança, rogai por nós.

São Roque, santo do poder, rogai por nós.

São Roque, santo que leva nossas preces a Deus, rogai por nós.

São Roque, auxílio nas tribulações, rogai por nós.

São Roque, humilde servo do Senhor, rogai por nós.

São Roque, santo penitente e peregrino, rogai por nós.

São Roque, exemplo de pobreza e caridade, rogai por nós.

Cordeiro de Deus, que tirais os pecados do mundo, perdoai-nos, Senhor.

Cordeiro de Deus, que tirais os pecados do mundo, ouvi-nos, Senhor.

Cordeiro de Deus, que tirais os pecados do mundo, tende piedade de nós, Senhor.

Jesus Cristo, ouvi-nos.
Jesus Cristo, atendei-nos.

Rogai por nós, São Roque.
Para que sejamos dignos das promessas de Cristo.

CULTURAL
CATEQUÉTICO PASTORAL
TEOLÓGICO ESPIRITUAL
REVISTAS
PRODUTOS SAZONAIS
VOZES NOBILIS
VOZES DE BOLSO

CADASTRE-SE
www.vozes.com.br

EDITORA VOZES LTDA.
Rua Frei Luís, 100 – Centro – Cep 25689-900 – Petrópolis, RJ
Tel.: (24) 2233-9000 – Fax: (24) 2231-4676 – E-mail: vendas@vozes.com.br

UNIDADES NO BRASIL: Belo Horizonte, MG – Brasília, DF – Campinas, SP – Cuiabá, MT
Curitiba, PR – Fortaleza, CE – Goiânia, GO – Juiz de Fora, MG
Manaus, AM – Petrópolis, RJ – Porto Alegre, RS – Recife, PE – Rio de Janeiro, RJ
Salvador, BA – São Paulo, SP